JN439806

Kim Byeongsu

시인 김병수

처음부터 내게 허락되지 않았다

김병수 시집

처음부터 내게 허락되지 않았다

Poetics 시학

■ 시인의 말

늘 내가 아닌
너를 믿는다
이 가여운 글들
너에게 맡긴다

지금은
가방을 꾸릴 때
버리고
가져야 할 것이 너무 많다

2013년 11월
김병수

차 례

제1부

제2부

제3부

제4부

제1부

너의 이름으로

풀벌레가 풀벌레로 불리는 건
풀에 사는 이유만이 아니다
온 산의 풀벌레와 한소리를 내어
모진 계절 바꾸고도
제 풀에 머물기 때문이다

물푸레가 물푸레로 불리는 건
물가에 발을 담그는 이유만이 아니다
산골짜기 가장 높이 자라나
거센 비바람 막고 서 있어도
먼 강을 푸른 눈으로 바라보기 때문이다

모든 사이렌이 내게 울린다

길을 걷는 건 내리밟는 것
발이 땅에 닿기 전
꽃은 온전한 얼굴
식량 잔뜩 짊어진 일개미
집으로 돌아가고 있었다
밟은 자리
어제의 기억 묻고
햇빛 담는 큰 사발 빚는다
은빛 날개 잠자리
새벽이슬 떨어뜨리면
은하계 물병자리별 반짝일 게다
갈라진 발꿈치 원형 따라
새로운 세상은 열리고 닫힌다
지금까지 얼마나 많은 힘으로 걸어왔는지
남은 힘은 또 얼마나 많은 길을 안내할지
원치 않는 길에도
지쳐 돌아가는 길에도

꽃은 피어나고

일개미는 집을 찾고 있는데

벽

외로움이 거친 손등에
앉으면 겁먹은 눈
가려운 듯 문지른다
어두운 골목마다
가로등 불빛 번지고
오래된 걸음은
해진 신발을 보지 못한다
무지개 우산을 쓰고
충혈된 눈 가리면
빛도 멈추고
외로움도 가려나
이 미친 도시에
골목을 배회하는 자가 있고
막다른 벽에 울음 터진 자도 있다
지쳐 돌아가는 길
골목 어귀에서 만난 사람에게
저기 벽이 있다는 소리
온 힘 다해 걸어 온 사람은

결코 넘을 수 없는
천길 벽이 있다는 소리
벽 틈에서 자라난 어느 사내가
단숨에 벽을 넘고 사라졌다는
거짓된 위안을

차마 말하지 못했다

가을 묵상默想

가을이 오고야 하늘을 봅니다
늘 바라봐 주는 하늘이
멀리 달아나 있습니다
가까이 있을 때 알지 못했습니다
하늘이 펼쳐 준 이 땅에
눌러진 발걸음만 보고 살았습니다
처마 끝에 떨어지는 빗방울만 보았고
까맣게 탄 아이의 등짝만 보았습니다
가을이 오고야 바람 소리를 듣습니다
귓속에 들어와 조곤조곤 속삭이는
바람을 미처 알지 못했습니다
하늘과 산이 맞닿은 곳에
무성하게 떠도는 사람의 소문만
어지러이 듣고 지냈습니다
가을이 오고야
단단한 나무에 걸린 이파리의
작은 흔들림마저 굽어보는
저 시린 하늘,

그 속으로 고요히 들어간

무명無名의 흔적을 보았습니다

달빛 서정抒情

내가 없는 자리
저마다 사랑 나누고
애잔한 마음
창가 그믐달에 걸어 둔다
불 꺼진 방
들뜬 달빛 흐르고
떠오른 사람 하나 없는데
그리움 오는 이 밤
기억 못할 오래전
나도 사랑을 만났고
돌아선 골목길
달빛 젖은 창문마다
잠 못 들던 옛사람들

달빛은 기억하지
내가 잊었던 지금의 당신

새의 흔적

큰 나무 밑에 앉아
죽은 누이 떠올리다
새의 그림자 본다
놀란 마음에
고개 들어 보지만
새는 날아가고
흔들리는 가지만 남았다
누이의 고단한 별이
새의 둥지에서
흰 알을 품고 있다
다시 누군가 떠날 시간
평평한 전신주 위에
검은 새 한 마리
날 노려보고 있다

그림자 친구

“너무 힘들어”
한마디에
하던 일 멈추고
달려온 친구
“잘될 거야”
한 마디

한 마디에 한 마디가 만난 날
어깨 걸고 환한 골목길 걷는
정겨운 두 사람

잠든 집 뜰
내려놓은 그림자
홀로 된 나

태종대 자갈마당

조개를 굽는다
딱딱한 껍질 입 벌리고
벌건 조개의 눈은
천막 사이 조각 난 바다
아련하게 바라본다
술 취한 동료들은 서로를 마주하고
내일이면 사라질 허튼 주제에 빠졌는데
어둑한 해변에 주저앉아
정박한 선박의 희미한 실루엣을
찡그린 눈으로 그리고 있다
갑판에 하나의 어둠으로 서 있는
저 가난한 선원은
허물 벗은 나의 눈빛과 닿아
건듯 오는 울음에
흩어진 가족의 생계를 걱정하는데

녹설은 뱃전에 붙은 금조개
희멀건 유생幼生들 넉살좋게 뿜고
바다는 파도로 하나의 밀어密語를 끝없이 되뇐다

멸치국수

멸치국수 말아먹고
이쑤시개 찾는다
그나마 멸치도 없는
다시 물 후룩 마셨는데
이빨은 습관을 부른다

쓸데없는 몸짓이
정작 가져야 될 마음보다
먼저 앞서 있음을
멸치의 고단한 육즙이
희멀겋게 중얼댄다

부산역, 첫차가 온다

상행선, 철로 변 민들레가 저음의 안개를 피운다
침목枕木의 거친 나이테는 이별의 순서를 알고 있다
목적지에 지레 도착한 여행자의 허튼 수다에
꽂은 청력을 제 힘으로 던져 버렸다

플랫폼, 예정된 시간에 낯선 사람들이 모여든다
아직 잠든 자는 한 면이 꺼진 침대를 쓸고 있지만
가슴엔 사막을 가르는 빗금을 긋고 있는지 모른다
남은 자가 길을 먼저 떠난다

하행선, 귀향의 서툰 변명은 역사驛舍의 벗겨진 칠에 남았다
돌아오지 못한 자는 새가 되어 태양 속으로 날아들었다
철로 변 타 버린 깃털이 홀씨 되어 흩날린다
늙은 플라타너스 나무가 느릿하게 뒷걸음친다

네가 기다리고 있다면

꽃이 진 자리 열매가 익어 간다
떠난 사람도 그렇게 돌아올 것이다

상처 난 꽃자리
연둣빛 미열로 앓아눕고
가던 발걸음도 낯선 길목마다
돌아갈 길 찾는데
떨어진 꽃그늘에 갇힌
얼룩한 뒷모습만 떠올리고 있다

거친 비바람에 가지 부러지고
둑방길 넘쳐 올 수 없더라도
네가 기다리고 있다면
부러진 자리 새 힘 돋고
물은 큰 강으로 흘러나갈 것이다

우포늪, 기억의 매립지

백로 한 마리 외다리로 눈을 감는다
발끝에 닿는 억겁의 세월은 대답이 없다
새 한 마리, 하얀 새 한 마리가
지친 해거름 누르며 하루를 보태고 있다
시간의 뒤안으로 날아간 새의 무리들
내일을 억척같이 끌며 돌아오고 있다

고목 같은 지축地軸에 걸려 넘어지고 말았다

비는 소리로 내리지 않는다

아직 비가 내리고 있다
내리는 비는 애초 소리가 없다
방울방울 무리 되어
갈증하고, 때론 갈망하는 곳
처절하게 부딪치는 소리다
발자국 하나 살짝 찍고
그 자국에 부딪는 소리를 듣는다
그 사소한 상처에도
비는 온몸을 던져 어루만진다
이 비 그치면 나도 하나의 소리
아우러지는 소리가 되어
누군가의 울림,
빈 가슴 가득 채울 함성이 되리
비는 소리로 내리지 않는다
뭉클한 먹장구름의 형상이
산산이 부서지는 소리
애써 비 맞는 사람들
흐르는 눈물을 지우는

지금 이 순간

단 하나 치유治癒의 소리다

독배獨杯

포장마차 구석자리
혼자 술 마시기 막연하여
찢어진 신문지에 이 시를 적는다
한 시절 사랑에 떠돌다
마지막 남은 건
술잔 부딪는 상대마저 잃고
벽을 마주한 의자에 앉아
달력의 빛바랜 여인과 통성명
지극히 생리적인
지극히 도발적인
그래, 보이는 현상밖에 남지 않았어
술잔 안에 외로움이 돛대처럼 솟구쳐
입 안 가득 소주 머금는다
서서히 넘어가는 이별의 물거품
제길, 맹물보다 싱겁구나
주인아줌마의 흘낏한 미소 하나
눈물 나도록 고마운 이 밤
흔들리는 몸 부축하며 길을 나설 때

신문지 구겨 주머니에 쑤셔 넣는
객기가 남아 있다면
너를 위한 마지막 글로 남을까

파랗게 말라 버린 술병에 잔을

무거운 모래

아이가 있었네
흘러내리는
모래 한 줌
두 손 고이 담아
쌓은 모래성

바다가 있었네
헤쳐진 모래에
먼 바다 끝마디
성난 파도 몰고
무너뜨린 모래성

바위섬이 있었네
수만 년 세월
한나절 모래성 위해
티끌같이 부서진
무거운 모래

닫힌 대문

바람에 날려 온
낡은 거적이 외로움 되어
당신의 정원 덮을 때
불현듯 쓸쓸한 눈빛은
닫힌 대문 바라보네요

거적 잃고
추위에 떨면서도
문고리만 잡고
들어갈 줄 모르는
여기 당신의 사람 하나

지우개

몸을 갉아 내
시詩를 똥으로
만드는
시인의 천적

나무 책상
똥이 된 시詩
짧은 한숨에도
먼지바람

덜컥 삼킨 나

제2부

바람을 걸었네

한 걸음도 남지 않는
물빛 바람 걸었네
세찬 바람에 날리는
눈보라 헤치고
달아나는 당신을 보았네
바람 속 바람
그 고요가 아니면
찾을 수 없는 나를 보았네
바람을 걸었네
두 눈 부릅뜨고
갈데없이* 마냥 걸었네

---

* 오직 그렇게 될 수밖에 없이.

워킹푸어working poor*

서면 지하도로
잿빛 태양 젊어진 사람들
늙고 병든 발광은
꼬마전등의 불빛보다 어룽하다

백반증** 걸린 여자가 노래하는
지하 단란주점 돌아
편의점 알바 여고생에게
동전 끌어모아 소주와 담배를 산다
한 평 세간의 쪽방
반투명 유리 깨고
붉은 십자가가 정수리에 꽂힌다

흰 얼굴의 알바 여고생은
동전 하나 덜 세었고

주인은 가게 문을 급하게 연다

---

* 열심히 일을 해도 저축을 하기 빠듯할 정도로 형편이 나아지지 않는 계층.

** 다양한 크기와 형태의 백색 반점들이 피부에 나타나는 질환.

길을 나서며

물을 가득 마시고
빈 잔에 물을 따른다
목마름의 기억은
쉬이 젖어 들지 않는다

당신을 두고 이 길 나서는 건
장차 헤어질 아픔의 담보를
미리 구함에 지나지 않으리
사랑이여
제 발길 따라 가는 날 용서하오

채워진 물은 이제 당신의 몫

봄날의 뒤안

가벼운 바람
흔들리는 꽃잎
봉우리 새긴 비밀
혹, 들킬까
힘찬 도리질

바람개비
꽃잎
땅을 헤집고
뿌리에 살푼
쓸쓸한 장례식

가여워라
혼자만의 생애生涯

처음부터 내게 허락되지 않았다

달팽이는 집을 이고 산다
비바람에 갈라진 석회 사이
장미향 묵주 두르고
무른 몸 힘겹게 간추리며
기도하는 너를 본다

뒷산의 큰 돌을 온 힘으로 깬다
망치 자루에 징하게 오는
그리움 참는 울음
주일의 예배당 종소리로 퍼져 나가
마을의 모든 신도들
집을 내리고 광장에 모여든다

별안간
신기루처럼 흙먼지가 인다
낙타 타고 사막을 건너온
알 수 없는 부족의 사내
신성한 눈빛가린 두건 올리자

너는 성호를 긋고
아름답고 순결한 여인의 모습으로
황금마차에 오른다

큰 돌의 깨진 그림자 뒤로하고
낙타의 혹보다 큰 바늘귀 넘어
너를 실은 마차는
약속의 땅으로 천천히 들어간다

물집 잡힌 손은
아직 울고 있는 돌망치
덜걱 놓아 버리지만
자욱한 운무 걷히자
파인 바닥은
하늘이 출렁이는 호수가 되었다

상추 할매

지하도 입구 고무대야 할매
상추 같은 돈
돈 같은 상추
세고 또 센다
병든 영감과 배고픈 손자
꾸물거리는 유충 되어
갉아 먹은 상추
돈처럼 세고 있는 게다

영감은 저세상 갔고
손자는 돈 벌러 서울로 갔어
아주 오래전

굵은 주름의 손등
독풀 얽죽얽죽 자라고
커다란 나방의 비늘가루
밤눈처럼 사북 쌓인다

물색物色*

사방 투박한 흙벽 되어
한 술 회칠도 허락 않는 시샘 되어
깊은 샘물 장독대 정화수 되어
눈물 한 방울에 무너질 제방 되어
가두고 못질한 사람 목마를까
천 길 도도한 강물 되어
볼 리 없는 막막한 바다
제 정을 못 이긴 거친 파도 되어

너에게 되지 못할 무언가 되어

---

* 어떤 기준으로 거기에 알맞은 사람이나 물건, 장소를 고르는 일.

구포시장 선짓국밥집

남루한 작업복 차림의 한 남자
국 한 술 술 한 잔
낮고 음습한 눈길로 주위를 의식한다
쇳더미 공장에 부석한 뼈마디로 버틴 하루
폐지 더미 속에 닫혀 버린 마른입
쥐구멍 앞 밥풀 훔치듯
술 한 잔 국 한 술
배고픈 어린 자식들이 있으리라
일찍 온 폐경을 가난으로 돌리는 아내도 있으리라
바로 집에 들지 못하고
탁자에 마주 앉은 말벗도 없이
또다시 내일, 벅찬 노동의 양식으로 삼키는
벌건 선지 한 덩어리
한 사람의 역사와 철학이
국밥 식기 전 오롯이 드러나는
여기 주술呪術의 망령이 살아나는 곳

국 끓는 솥단지 사이로

눈빛 잃은 사람들이 야윈 등을 지고
오늘을 계산하고 내일을 주문한다

뻐꾸기시계

오래된 시계
멈춘 태엽
따르륵 돌리자
저 먼 산
아득히 들리는
뻐꾸기 소리

내 속에 있던 너
날개 털고
떠난 줄 몰랐다

내게 묻는 것

허리 굽혀 걸레를 빤다
털끝 한 올 한 올
묻은 더러움
빨래비누 문지른다
열린 창으로 날아온
알 수 없는 먼지로
흰 수건은 걸레가 되고
비누는 몸을 깎는 수행을 한다

산사의 노스님
낮은 마루에서 법복法服 털고
절 마당 강아지
흙발 딛고 허공을 가른다

취중넋살

어스레한 새벽녘
터벅터벅 걷다 멈춰 선 그 집
오늘 너무 정겹게 보여
이 집 막둥이 숙제는 다 했나
동네방네 개는 제풀에 다리를 저나
높다란 감나무 가지 내려
제 잎 수북한 마당 쓸고
담벼락 벽돌 하나하나 빠져나와
파란 철문 꺼져 버렸는데
홑이불 걷어찬 아줌마
찬기도 모르고 코 골고 있네
술 취한 난 고갯길 걸터앉아
철야 마치고 첫 버스로 돌아올
마음 좋은 아저씨 기다리는데
졸음은 달처럼 눈 안으로
점점 기우는데

처음 본 그 집, 다가오는 아저씨

물의 일탈逸脫

남부 지방 폭설 내리고
다시 해가 온 오후
눈 녹은 물 처마 끝에
똑똑 떨어진다
허기에 몸을 떠는
집 나온 아이
입 벌려 물 마시고
아이 찾는 엄마의 눈물
얼음 깨는 강물이 된다
벽난로에 장작불이 탄다
젖은 옷 말리며
시침時針을 돌려놓는다
다시 퍼붓기 시작한

눈, 눈

새벽 강둑에서 귀를 닫다

내 귀는 듣고 싶은 것만
가려낼 수 없소
원하는 소리 하나 위해
세상의 모든 소음 다 들어야 하오
그대가 떠났다는 소식도
이 귀로 차마 들어야만 했소
내 눈은 더하여
떠난 자리 기어이 찾아내어
보이지 않는 그댈 떠올리오
행여 가엾은 맘에 돌아오시거든
살갗에 닿는 바람한 점에도
온몸을 뒤척이는 새벽 강에서
불러도 대답 없는 날 찾으시구려

백 가지 위안

한 가지 위안 위해
구십아홉 가지에 불을 지핀다
무섭게 타오르는 기세에 놀라
몸을 돌리다
한 가지 위안에 물을 적셔
서둘러 불을 끈다
이 밤 남은 게 아무것도 없다

모래시계

지하철 안 통행로에 모래시계가 작동한다
마주한 사람들의 얼굴은 굳어 있지만
누구도 유리구를 돌릴 용기를 갖지 못한다
흘러내리는 모래를 쳐다볼 뿐

전철의 속도는 시간 간격을 좁히고
다급한 마음에 노선도路線圖의 도착할 역을 손꼽는다
제시간에 도착한 사람은 모래처럼 흘러 나가고
그렇지 못한 사람은 스스로 몸을 돌려야 한다

시차時差

시간을 되돌려 도착한 미국 서부
어제의 토요일 저녁
당신과 먹었던 이별의 식사
낯선 사람과 만남의 식사
떠날 때 남긴 빈 그릇
이곳에서 채워질 줄 몰랐다
당신이 입혔던 겨울 외투 벗고
새털보다 가벼운 셔츠를 산다
이미 자 버렸던 밤
홀로 먹는 당신의 아침 식사
밥공기 가득히 담긴 허전함
시간의 오르간은 기억된 것만
끝없이 되돌리며 연주한다

수괴首魁

당신의 견고한 성벽에 밧줄 걸고 높은 망루에 올라섰습니다. 성 안 순백의 저고리 입은 당신의 백성과 성밖 붉은 투구 쓰고 창을 겨누고 있는 이교도들의 반란을 목격합니다. 거인의 풍모를 한 수문장이 문고리 잡고 있지만 살벌한 대치는 그리 길지 않음을 알고 있습니다. 아주 오랫동안 대지에 촉촉이 쌓였던 당신의 저음이 지상의 가장 높은 곳까지 들릴 비명으로 바뀌는 날, 나는 최후의 순교를 기대합니다. 당신의 나약한 백성과 광폭한 이교도가 아닌 당신의 눈앞에 마지막 남은 사람이고 싶은 까닭입니다.*

* 망루에서 날아온 독화살에 수문장은 사살되었고 이교도들은 불덩이 이고 열린 성문으로 들어왔다. 그들은 내 이름을 연호하였고 죽은 성주의 딸은 기꺼이 내가 취하였다.

골딱지

시詩야 오지 마라
꿈틀대는 벌레로 살다
새의 내장에 짓이겨져
하늘 아래 똥으로
된똥으로 뿌려져라
비틀어 흐르는 골물*도
뒤집어 흐르는 강물도
남태평양 작은 군도群島
벌거벗은 원주민
검은 발바닥 지문으로
흘러 흘러들리라

* 골짜기에서 흐르는 물.

제3부

수레바퀴 밑에서

지쳐 버리지 않도록 유념하게
자칫하면 수레바퀴 밑에 깔리고 말거든
— 헤르만 헤세

두통으로 가던 길 멈추고 나무 벤치에 누웠다
바람은 "내 자리야" 하며 밀어내지만
간밤의 격렬한 애무의 흔적만 상기시켰다
30만 종의 딱정벌레가 스멀스멀 각진 다리를 기어오른다
탄탄한 대열 사이 알 수 없는 정적이
그들의 행군을 지배하고 있다
나는 깨어 있었지만 움직일 수 없었다

나무 벤치는 좁은 길목 발걸음을 멈추게 했고
딱정벌레는 수액을 빨며 알을 까고 있었다
나무는 하늘을 경배했지만
벌목공은 가차 없이 베었고
목수는 수월하게 벤치를 만들었다
햇살은 뜨거웠지만
잡목 숲 사이 연인들은 더운 줄 몰랐다

밑바닥의 독설

밑바닥에 내려와
장판 닦는다
내 몸 적신 수건이
걸레가 되어
고귀한 자리
순결한 사랑 찾아다닌
발바닥 얼룩 지운다

밑바닥 장판도 순행順行이 있어
번들한 앞면은
누군가 무릎 꿇은
구도의 장소가 되고
너절한 뒷면은
앞면의 위선을 증거하는
고해告解의 눈물이 된다

누우면 천장도 밑바닥이다

코스모스

초록의 무리 언저리에서 가장 단출한 얼굴로
일곱 잎을 키우는 아비 꽃

철로 변에서 부둣길에서 고된 노동의 단내 뒤
앙상한 허리로 억척스럽게 일어나는 꽃

하늘 시린 가을날 가장 가난한 마을
시집가는 딸에게 차마 부치지 못한 그림엽서 꽃

비탈진 세상의 가쁜 소리들이 수런거리는
어린 동무 함께 놀던 빈 집의 그 꽃

태양의 사선斜線

연산동 재개발지구
할머니 병들어 죽고
혼자 살던 열네 살 소녀
수면제 백 알처럼
가득 주었던 생명수
한 철 아껴 마시며
담벼락 해바라기
귀신 소리 나는 양철지붕보다
높다랗게 자라나
찌던 가난의 피날레를
내려보지 않는다
벌도 새도 날아올라
꽃잎에 얼굴을 묻고
햇살도 긴 줄기 따라
빗질 한 번 없는 바닥에
내려가지 않는다

할머니와 소녀의 잊혀진 저녁

오순도순 붙인 인형의 눈
새까맣게 박힌
환생의 씨앗 되어
톡,

깔때기

누군가의 주둥이 되어
마른 공백을 채운다

빈 마음에 가을바람도 들지 않았어

야윈 무릎 곧게 펴고
제 몸의 소금기마저 주려고
사지를 비틀고 있다

헤어질 때 흘린 눈물
씻김 물에 몰래 보탰다

쓰레기봉투

슬픔의 하중荷重은 너무 깊어

손끝 닿은 것
손길 스친 것
손때 묻은 것
투명 비닐 안
차곡히 쌓여
지난 손 쳐다보지만
이미 손 떠난 것들

나는 담대한 포식자
슬픔의 깊이마저 차오르던 날
손마다 쓰레기봉투 들고
쓰레기 더미에 던져질 때
저마다 터진 구멍에서
떨어진 손톱
찢겨진 손톱을 보고 말았네
손 없는 손톱을 보고 말았네

틈새

굴참나무 어두운 구멍
다섯 손가락 집어넣는다
눈도 못 뜬 어린 새
연약한 부리로 쫓고
빼곡한 숲 넘는
태양의 그늘
어미 새는 나방의 유충을 물고
주뼛한 날갯짓 한다

다섯 마리의 구렁이
조용히 무덤 파는 저녁
굴뚝에 연기는 피어오르고
아이들은 산을 내려오지 않는다

액자 삼키다

술이 없는 날
아픈 풍경이 있다

헐벗은 산
살얼음 졸졸
물길 따라가면
작고 어린 짐승
깊은 눈동자
차가운 손으로
등짝 문지르면
붉은 섬광
새떼처럼 후다닥
내려가는 길
먹먹한 가슴

취한 눈에는
볼 수 없는 풍경

계단에서

직각은 변절이다
한번도 꺾지 못한
두려움 달래며
모서리에 남은
일말의 양심
무참히 밀쳐 내고
새로운 직선을 간다
흔들림 없는 자세
거침없이 나아간다
우쭐한 발걸음
직선에 직선을 꺾는다

날 선 계단에
몇 번이나 넘어지고
오르락내리락

진공의 연애

가만히 있는 그대
아름다워라
침묵의 사탕은
입 안에 있지만
봉인封印된 향수처럼
부푼 설렘만 있다
바람도 숨을 막고
달도 빛을 거둔
절정의 고요

움직이지 마라
네가 들뜨면
허튼 강샘*에
사탕을 깨물지

* 상대의 이성이 자기 아닌 다른 이성을 좋아하는 것을 몹시 미워함.

비늘을 뜯고

내 몸에 비늘이 있다면
내 마음 그 속에 감출까
깊숙한 비늘 하나에
남 몰래 숨겨 넣고
해초 하나 없는 큰 바다
쓸쓸한 파도 몰려오면
온몸의 비늘 다 뒤지겠지
끝내 찾을 수 없는 내 마음
협곡의 회오리에
떨어져 나갈 수도 있겠지
잔 빛도 없는 심해
암초에 숨은 문어의 여덟 다리에
유린당할 수도 있겠지
처음부터 숨길 마음도 없었던 게지

민둥한 몸 위로 떨어지는
샤워기 물소리
뜯겨져 나간 비늘 줍는다

작별

대답해 줘
내가 느닷없이 증발하면
물 끓는 소리는 하였다고
식어 버린 물 마시면서
사라진 뜨거움에 깜짝 놀라
컵 내려놓을 거라고

이제 다시는
불 위에 물 올리지 않겠다고

물만골*

거친 물소리에 적막은 길을 잃었다

고흐의 정신병증 닮은
귀가 먼 사람들이
산 그림자에 얼굴 가리고
잿빛 곱추등 지붕을 덮고 산다
막 피어난 꽃이 요란한 제 얼굴에 놀라
덤벙 회오리 물에 빠져들고
새도 울다 지쳐 목청 따고
얽힌 넝쿨에 스스로 몸을 가둔다
감당할 수 없는 서정이 음습하는
무거운 수묵으로만 채색되는

그곳에 가 보지도 않았다

---

* 부산 연제구 연산동 안쪽 산속 마을.

망각의 골격骨格

잊어버린 것들
떠올리면서
밟고 있는 꽃잎
맞서 있는 바람
뒤처 있는 사랑
알지 못한다
잊어버린 게 있어
널 볼 수 있고
잊어버릴 수 있어
널 보고 있다
꽃잎은 무성하고
바람은 줄지어 있고
사랑은 늘 길을 잃는다

다들 행복하시라

그것은 흩뿌려진 소금꽃
엄지에 침 묻혀
독한 짠맛 훔친다
나의 입은
바닥 지우는 바닥
빠닥빠닥
지느러미 치고
튀어 오르는 날치
바닥이 기적의 바다 열고
낙오된 피난자들
줄지어 모여든다
자! 자! 여러분
피안彼岸의 섬으로 가시어
다들 행복하시라
이젠 정말 행복하시라

소금을 바닥에 쏟고
애써 핥아 먹는 사내

키우는 개도 혀를 차는

찬란한 정오의 적선積善

비 오는 날

아침에 가지고 간 우산
저녁에 들고 오네요
온통 젖은 몸하고
호크 잠긴 우산 내려놓네요
베란다 화초에 물을 주다
마른 수건 건네주네요
두 사람은
아무런 말없이 식사하지요
잠자리에 뒤척이는 몸짓
가만히 받아 주네요

붉은 사과

하얀 쟁반 위 붉은 사과
모가지 따고도
하나의 온전한 물상物象
의연한 객기가 차마 당돌하다
백열등 번뜩한 칼날을 댄다

사과꽃 필 때부터
뿌리가 전해 준 슬픈 가족사
두려움 떨며 붉어진 얼굴
몸속에 흐르는 당도는
가쁜 숨결에 쏟아 낸 단내인데

제4부

그대가 전부다

흔들리지 마라
그대 눈 안에 모든 것이 있다
원하는 것도 미워하는 것도
깊은 산 아스라한 절벽도
심해의 골짜기 휘도는 물살도
저희들끼리 두런거리는 소리도
보내 버릴 것은
청아한 눈물에 흘려보내고
남기고 싶은 것은
눈 뒤 붉은 가슴으로 보내라
서둘지 마라
심장은 뛰고 있고 온기는 남아 있다
무지개가 그대 머리를 두르고
바람은 가는 발걸음을 인도한다
시작할 아침도 반성할 저녁도
늘 그대 위해 반복된다

그대가 전부인 사랑도 긴 눈썹에 걸쳐

극장이 있는 술집

빈자리 채워진 잔
오련히 떠오르는 사람들
목각인형 되어 자리 잡는다
차가운 등 보이는 사람
실룩이는 콧잔등 도드라진 사람
얼굴 지우고 구석에 박힌 사람
대화는 입으로만 하는 게 아니지
느꺼운 눈길에 손짓 나누자
실 기운 돋고 살아온 여정도
무성영화 필름 돌듯 선명해진다
무대 커튼 같은 담배 연기 오르고
비워 버린 술병 속 야윈 날빛 너머
정작 기다린 사람은 오지 않고
멀쩡한 나를 보고 윙크하는
술 취한 나를 보고 말았다

처음부터 관객은 혼자였고
간판 내린 극장은 술을 팔고 있다

나의 집

왔다 가네. 차려 놓은 저녁은 잘 먹었네. 열린 들창 너머 풀벌레 소리도 잘 들었네. 설거지는 하지 않았네. 내가 남길 수 있는 건 밥풀 묻은 빈 그릇뿐.

드라마가 사회에 미치는 영향

너무나 사랑했던 여자가 배경 좋은 집안에 시집가던 날, 낮부터 취한 사내는 1999년산 마티즈를 몰고 강변도로를 달리다 가드레일을 박고 한강에 전복되었다

필리핀 괌 해변, 풍광이 한눈에 드는 침실에서 그 여자의 명품 속옷이 처음인 양 흘러내릴 때 살결에 닿는 불편한 정전기가 진도 7.2의 강진을 알리고 있었다

주식 투자로 퇴직금을 다 날리고 화장실에서 목을 맨 자의 아들은 서울중앙지검 특수부 검사로 발령받아 주가조작으로 개미 계좌를 쓸어 담은 배경 좋은 집안을 찬찬히 들여다본다

매직아이*

수만 명 사람이
내게 보여 준
하나씩의 표정으로
수만 가지 너의 표정
골똘히 떠올린다
수만 가지 중 하나의
표정 뒤에 있었던
수만 굴절의 태양,
수만 색깔의 배경,
수만 소리의 파장,
도무지 널 찾을 수 없어
수만 명 사람에게
수만 명 다른 내가
속 빈 정을 나눈다

초점 잃은 눈동자에
수만 겹의 허상만

---

* Magic Eye : 입체 그림.

새벽에 들어가는 집

안개에 숨은 새 한 마리
온 산에 우짖는다
누구를 향한 구애일까
둥지 떠난 궁색한 변명은
저리도 처연한데
듣는 이는
산기슭 문 닫힌 집
발길 누른 사내 하나뿐

안개 걷히면
거대한 새들의 군무群舞 따라
눈물 젖은 죽지
파드닥파드닥
긴 부리도 지쳐 닫겠지
먼 땅에 사내도 가는 발길 찾겠지

멸치볶음

달궈진 기름에 널브러진
그놈들의 눈을 본 적이 있는가

가장 처연한 눈을 가진 놈을 집어
목젖 타고 먼저 떠나간
독주毒酒의 위안으로 보낸다
물길 향해 펼쳐진 지느러미 그대로
은백색 복부에는 만찬의 흔적 그대로
온 물에 살던 동네 이웃들 모두
사는 몸짓이 죽은 고요로
생사의 기로에서 딱딱하게 굳었다
아가리 다문 슬픔이 너무 크다
아가미 걸린 절규가 숨이 차다
누가, 누구를 사랑했더냐
누가, 누구를 미워했더냐
너희들끼리 도대체 무엇을 했더냐

달밤 공기가 물살보다 가르기 힘들다

사월의 당신

사월의 산이 길을 열었다
산마루부터 내려온 삼월의 햇살
십이월 매운바람을 산들바람으로 바꿔 놓았다
흰머리 산은 아주 무딘 보폭으로 내려와
초입 길섶에 지쳐 앉았는데
모두들 사월만 본다
세상의 모든 빛깔로 물든 꽃잎들
하나 없이 떨어뜨리고
외로이 올라갈 산 그림자를 보지 않는다
누군가 멈춰 서서
설익은 청춘의 배회를 떠올리며
이마의 주름을 털고 있다

먼 길 돌아온 당신이 사월이다

꽃 더미

제철 아닌 꽃
올 데 갈 데 없이
사방 피어 있네

내 처지가 궁색하여
너에게 도움 주지 못해
정말 미안해

너의 눈에 난 이미
만개한 꽃이고
넌 세상을 유혹할 향기가
아직 남아 있는데

꽃이 진 자리
올 꽃 갈 꽃 없이
무시로 피어나네

행방行方

밤새
내린 눈도
비껴간
너의 집 앞
남겨진
발자국,

선암사 가는 길

계곡에 걸린 돌다리
물 위에 길을 묻는다
무릎 아래 안개 저편
빛조차 갇혀버린 산골
홀연히 가 버린 이도 있지만
오지 못한 사람
기다리는 사람도 있다
바람이 아치 교각 밑
물살과 함께 급히 흘러가고
차곡한 인연의 무게가
돌로 굳어 버린 다릿목,
네가 왔다 간 흔적은
네가 다시 올 기대는
여기 있는 나에게 있다

연신 뒤돌아보다
일주문에 들지도 못했다

가을을 봄

나고 지는 건 한 나무의 질긴 변덕

까치발 하고 올라 선 밑동의 근력은
가짓수를 늘리지만 떨어뜨릴 꽃잎도 많음을
바람의 집에 같이 살지만
한 번도 얼굴을 마주하지 못한
이른 봄아
늦은 가을아

졸린 눈 비비고 선방禪房의 문턱에 걸터앉아
지금 와 있는 계절을 앞뜰에 물어보니

간밤에 자라난 연둣빛 잎사귀
가지에 머문 바람에 떨어지며
휘어진 척추를 더듬고 사라진다

어떤 당부

늦은 저녁이 호롱불 밝히려 어둠으로 내려오네

다리목 서성이는 몽유 환자의 지친 발걸음

같은 꿈속을 거니는 어미의 숨소리에 맞춰 있네

어둠이 어둠을 덧칠한다고 불을 끄지 말게

찬바람이 온다고 애써 사립문 닫지 말게

격문檄文*

살아가는 나날이
죽어가는 나날로 다가 올 때
헐거운 신발 신고
낙동강 둘레길 거닌다
노을 진 강물은 고이지 않고
쉼 없이 흘러들어
산 것과 죽은 것의 색채를 지운다
낡은 시간의 잔해 실은
저 말없는 강은
긴 몸으로 굽이 온 육지 떠나
끝없이 펼쳐진 푸른 바다
하얀 포말로 염장鹽藏되어 가리
그렇게 우리도 흘러가리라
어깨 잡은 뜨거운 손 알지 못하고
눈 떠도 다리 너머 볼 수 없지만
주저하고 있는 아픔들 불러 모아
앞물로 밀쳐 나아가리라
물풀들이 자라는 둔치 지나

모래톱에 웅크려 자는
어린 바람의 쌔근대는 숨결 느끼며
그렇게 우리도 흘러가리라

하여, 수만의 강이 잠긴 바다
그 심연深淵의 어둠 속에서
끓어오르는 용오름**을 볼 것이다

---

* 어떤 일을 여러 사람에게 알려 부추기는 글.
** 육지나 바다에서 일어나는 맹렬한 바람의 소용돌이.

은둔의 꽃

시나브로
목련꽃 고개 들어
창가에 기대지만
꽃이 피기 전
떠나 버린 너
드리운 꽃향기도
없는 듯 지냈다
감각 없는 내 몸에
여문 꽃씨 하나
조용히 파고들어
움찔한 꽃
얼결에 피어났다

버려진 미로 같은
내 유년의 통로에도
출구 잃은 누군가
넌지시 내민 손
꼭 잡기를 원했다

억수장마

대엿새 쉬도 없이
검은 구름 몰고 내리는 저 물들
무슨 사정이 저리 깊을까

가문 땅에 목마른 노인
주름 잡힌 큰 소와 주저앉아 있겠지
불탄 방 안에 커튼 치고
붉은 상처 새살 돋길 기다리는
얼굴 가린 소녀도 있겠지
창가에 세차게 부딪는 빗발에
집 나간 아들 돌아 왔다고
맨발로 뛰쳐나오는 엄마도 있겠지
소금기 짜서 도리질하는 어린 물고기 위해
바다보다 깊은 맹물들이
저리도 앞다투어 내려오는 거겠지

온몸이 다 젖고 나서 알았지
더운 가슴에 아지랑이 피어오름을

선인장

가까이 지켜봐 줄 당신을 위해
기다린 날만큼
온몸에 가시를 박았습니다
태양 하나의 네바다 사막
물 한 종지도 물리치고
거친 모래에 발을 담갔습니다
너무나 천천히 오는 당신을 위해
수심 가득한 얼굴 감추고
기억하지 못할 얼굴을 하고 있습니다
한참을 가까이 들여다보다
끝내 알아보지 못하고
가 버릴 당신을 위해서도

쓸쓸함과 그리움의 처소를 향한 여정

— 김병수의 시세계

정 훈
(문학평론가)

실존의 차원에서 볼 때 삶은 날것 그대로 자신의 정체성을 드러낸다. 생生이 고단한 까닭은 제 속에 이미 길이 있으나, 그 길을 찾으려는 온갖 시도들이 끝내 무위로 그치기 때문이다. 거기에서 인간의 '의심'이 생겨나고, 이 멈출 줄을 모르는 회의가 문학을 낳고 시를 낳는다. 이렇게 보면 시는 시인 자신뿐만 아니라 우리 모두의 삶의 단면을 압축하고 상징하는 지표다. 하지만 시가 하나의 축복일 수도 있는 까닭은, 심란한 삶의 여정에서 생겨나는 존재들의 민낯을 응시하여 아직 오지 않은 새로운 세상의 전조를 미리 점지할 수 있기 때문이다. 비극적인 생의 인식은 시의 오솔길을 돌아서 예언적인 생의 비전에 닿는 것이다.

김병수의 시는 고독과 우울의 지점에서 휘돌며 세상의 원심遠心을 향해 나선형을 그리는 언어의 기록이다. 그가 쓴 시의 표정에서 볼 수 있는 비관적인 세계인식은 '나'로부터 출발하여 '우리'를 아우르는 이 세계의 본질에 맞닿으려 한다. 개인적이되, 지극히 사회적이고 우주적인 데까지 뻗쳐 있는 그의 시에서 한편으로 세상에 덩그러니 홀로 내팽겨진 인간의 비극적인 숙명 또한 엿보인다. 김병수의 두 번째 시집을 장식하는 빛깔을 바라보기 위해서는 그의 시가 출발하는 지점에 놓인 정조부터 살필 필요가 있을 것이다.

> 바람에 날려 온/ 낡은 거적이 외로움 되어/ 당신의 정원 덮을 때/ 불현듯 쓸쓸한 눈빛은/ 닫힌 대문 바라보네요// 거적 잃고/ 추위에 떨면서도/ 문고리만 잡고/ 들어갈 줄 모르는/ 여기 당신의 사람 하나
>
> —「닫힌 대문」 전문

> "너무 힘들어"/ 한 마디에/ 하던 일 멈추고/ 달려온 친구/ "잘될 거야"/ 한 마디// 한 마디에 한 마디가 만난 날/ 어깨 걸고 환한 골목길 걷는/ 정겨운 두 사람// 잠든 집 뜰/ 내려놓은 그림자/ 홀로 된 나
>
> —「그림자 친구」 전문

위 시들의 제목에서 확인할 수 있듯이, 김병수의 시 세계를 관통하는 분위기는 고독에 가깝다. 고독은 외로움이고 쓸쓸

함일진대, 그가 시에서 그려 내는 고독함의 정조는 독자에게 고스란히 전달된다. 세상과 소통하는 길목에서 소외되고 차단된 화자의 심정을 담은 「닫힌 대문」이나, '그림자'를 빌려 화자가 느끼는 소외감의 극단을 형상화한 「그림자 친구」에서 보듯 그의 시는 독자들 마음 깊숙이 가라앉아 있는 현대인의 소외감을 직접적으로 묘사한다. 세상에 내던져진 인간의 외로운 실존은 시인뿐만 아니라 현대인이 느끼는 단독자의 쓸쓸함이기도 하다. 세계와 자아의 분리와, 이 동떨어진 두 대상 사이에서 생의 괴리감은 증폭되는 것이다. 예민한 감성의 소유자일 수밖에 없는 시인의 내면에서 이러한 소외된 자아와 현실의 간극이 보여 주는 풍경은 스산하다.

고독을 주조음으로 하는 김병수의 두 번째 시집은 쓸쓸한 현대인의 내면 풍경이 실은 뿌리를 잃은 도시인의 정체正體라는 사실을 보여 준다. 후기 산업사회와 미디어의 점령으로 대변되는 지금 이곳의 현장을 지극히 인간적인 눈으로 바라보려 하는 마음이 이번 시집에 녹아 있다. 잃어버린 고향은 각박하고 속도 경쟁으로 내몰리는 현대인이 어떤 수를 쓰더라도 되찾을 수 없는 지점에 놓여 있다. 고향 상실은 바로 근원에 대한 망각과, 이에 비롯하는 정처 없는 방황으로 귀결된다. 삶의 목적이나 목표는 분명하되, 그 목표를 향해 달려가는 길과 방향에 대한 의심에서 시인의 정신적인 혼란은 생겨난다. 그의 시에서 자주 보이는 내면적 성찰과 반성은 일상의 쳇바퀴가 만들어 내는 기계적 삶에 대한 회의인 셈이다. 다음의 시를 보자.

포장마차 구석자리/ 혼자 술 마시기 막연하여/ 찢어진 신문지에 이 시를 적는다/ 한 시절 사랑에 떠돌다/ 마지막 남은 건/ 술잔 부딪는 상대마저 잃고/ 벽을 마주한 의자에 앉아/ 달력의 빛바랜 여인과 통성명/ 지극히 생리적인/ 지극히 도발적인/ 그래, 보이는 현상밖에 남지 않았어/ 술잔 안에 외로움이 돛대처럼 솟구쳐/ 입 안 가득 소주 머금는다/ 서서히 넘어가는 이별의 물거품/ 제길, 맹물보다 싱겁구나/ 주인아줌마의 흘낏한 미소 하나/ 눈물 나도록 고마운 이 밤/ 흔들리는 몸 부축하며 길을 나설 때/ 신문지 구겨 주머니에 쑤셔 넣는/ 객기가 남아 있다면/ 너를 위한 마지막 글로 남을까// 파랗게 말라 버린 술병에 잔을

—「독배獨杯」 전문

포장마차에서 혼자 술을 마시는 시의 화자는 영락없이 고독한 현대인을 대변한다. 그런데 시를 보면 화자는 시인 자신인 듯하다. "포장마차 구석자리/ 혼자 술 마시기 막연하여/ 찢어진 신문지에 이 시를 적는다"고 해 놓았다. 외로움이 그리움을 낳는 것이 보통 사람의 인지상정인 것처럼, 시인에게는 외로움이 시를 낳는 법이겠다. 김병수 시인에게는 그 외로움이 낳은 시가 「독배」이고, 이 시는 시인 몸속 깊은 곳에서 고여 있었던 뭐라 표현하기 어려운 쓸쓸함이 시작詩作의 동인이었을 것이다. 인간은 누구나 고독하다. 시인의 고독은 인간의 고독이라는 보편적인 외로움을 날것으로 체득한다. 일상의 권태나 근원적인 세계 상실감과는 또 다른 시인의 외로움은 '내일'로 이어지는 새로운 한낮의 세상을 맞이하는 통

과의례를 위한 가벼운 감상과 격을 달리한다. 그것은 세상 한복판에 놓여 있는 실존에 대한 생생한 자각과, 이 깨달음에 이어져 밀려드는 세상의 얼굴들에 대한 소름 끼치는 두려움을 희석시키는 시인만의 존재 방식이리라. “신문지 구겨 주머니에 쑤셔 넣는/ 객기가 남아 있다면/ 너를 위한 마지막 글로 남을까” 되뇌는 시인의 마음에서, 세상과 진정으로 소통하는 대상이 현실적이고 구체적인 것이라기보다는 마음 한구석에 자리 잡았을 추상적이면서 형이상학적인 대상인 “너”로 향한다. ‘너’는 현실적인 상처와 고통을 나누는 대상이다. 세계와 자아의 갈등과 거리를 매개하면서 중재해 주는 존재로서 ‘너’는 시인에게 그리움의 대상이 된다. 그리고 이 그리움은 시인이 그리는 지복한 세상을 이루기 위한 시적 상징으로 작용한다.

> 물을 가득 마시고/ 빈 잔에 물을 따른다/ 목마름의 기억은/ 쉬이 젖어 들지 않는다// 당신을 두고 이 길 나서는 건/ 장차 헤어질 아픔의 담보를/ 미리 구함에 지나지 않으리/ 사랑이여/ 제 발길 따라 가는 날 용서하오// 채워진 물은 이제 당신의 몫
>
> —「길을 나서며」 전문

> 꽃이 진 자리 열매가 익어 간다/ 떠난 사람도 그렇게 돌아올 것이다// 상처 난 꽃자리/ 연둣빛 미열로 앓아눕고/ 가던 발걸음도 낯선 길목마다/ 돌아갈 길 찾는데/ 떨어진 꽃그늘에 갇힌/ 얼룩한 뒷모습만 떠올리고 있다// 거친 비

> 바람에 가지 부러지고/ 둑방길 넘쳐 올 수 없더라도/ 네가 기다리고 있다면/ 부러진 자리 새 힘 돋고/ 물은 큰 강으로 흘러나갈 것이다
>
> —「네가 기다리고 있다면」 전문

이번 시집에서 시인이 부르는 이인칭으로서 '너' 는 다양한 표정으로 변주된다. 시인에게 '당신(너)' 은 세상이라는 험난한 길을 가는 자를 마중 나가는 애처롭고 따뜻한 존재(「길을 나서며」)로서, 혹은 삶의 용기와 희망을 안겨 주는(「네가 기다리고 있다면」) 존재로서 놓인다. 애틋함과 환희가 공존하는 대상으로서, 시인은 끊임없이 '너' 에게 말을 건넨다. 사실 현대시의 불안과 절망은 상실감에서 비롯한다. 이 커다란 상실감으로 하여 시인의 시 세계는 밑바닥이 보이지 않는 심연의 끄트머리를 부여잡으며 헤매는 것이다. 이 점에서 볼 때 김병수의 시적 '안전핀' 은 확실하다고 볼 수 있다. 그의 시 세계 한복판에 자리 잡은 '당신' 의 표상은 시 세계를 추동하면서 중심을 잡게 하는 핵심이다. 넓게 보면 도시적 서정을 보여 주는 이번 두 번째 시집의 주제가 이인칭 당신을 향한 시인의 헌사요 시인의 내면적인 목소리가 아닐까 한다. 도시에 살고 있는 현대인의 의식은 복잡하고 현란한 문명의 흐름에 동참하는 일만큼이나 거기에서 반항하려는 속성이 뒤엉켜 있다. 분열적 의식을 간신히 지탱하면서 짐짓 아무렇지도 않은 척 삶을 이어 가는 존재야말로 연약한 인간이기에 그리 될 수 있다. 시인의 의식 한 축을 붙잡고 있는 대상은, 이러한 연

약하면서도 우유부단한 현대적 삶을 질타하고 호통치고 그러면서 위로하는 존재가 아닐 것인가.

김병수의 시는 복잡하고 상처로 얼룩진 지금 이곳에서 시를 쓰는 시인 자신을 들여다보고 반성하는 자성의 기록이다. 이 속에는 시인을 둘러싼 사회적 환경과 대중의 속물적인 속성이 겉으로 드러나 있지는 않지만 은근하게 고여 있다. 이에 대한 직접적인 비판이 나타나 있지 않은 반면, 이 모든 불온하고 불편한 세계의 맨 표정을 힘겹게 응시할 수밖에 없는 시인의 고민과 갈등이 고스란히 내비치고 있다. 이는 두 가지 측면에서 살필 수 있다. 시인적 감성의 측면과 내성적 주체의 윤리의식의 잠재다. 그런데 시인은 두 가지 성향을 동시에 지니는 자이기도 하다. 세상의 흐름을 민감하게 느끼는 자이면서, 그렇기에 더더욱 인간적 양심의 목소리에 몸과 마음을 의탁할 수밖에 없는 것이다. 속인俗人이라면 무심코 내버려 두고 지나치는 부분들도 시인에게서라면 호락호락한 문제가 아니다.

> 길을 걷는 건 내리밟는 것/ 발이 땅에 닿기 전/ 꽃은 온전한 얼굴/ 식량 잔뜩 짊어진 일개미/ 집으로 돌아가고 있었다/ 밟은 자리/ 어제의 기억 묻고/ 햇빛 담는 큰 사발 빚는다/ 은빛 날개 잠자리/ 새벽이슬 떨어뜨리면/ 은하계 물병자리별 반짝일 게다/ 갈라진 발꿈치 원형 따라/ 새로운 세상은 열리고 닫힌다/ 지금까지 얼마나 많은 힘으로 걸어왔는지/ 남은 힘은 또 얼마나 많은 길을 안내할지/ 원치 않는 길에도/ 지쳐 돌아가는 길에도/ 꽃은 피어나고/ 일개

미는 집을 찾고 있는데

—「모든 사이렌이 내게 울린다」 전문

이 시의 제목처럼 '모든 사이렌이 내게 울린다'는 것은, 시인이 살면서 부딪치고 생각하는 모든 것들이 시인에게는 예사롭지 않은 것처럼 다가선다는 것을 의미한다. 시인은 우화처럼 "일개미"와 "꽃"과 "길"을 말하면서, 현재의 처지에서 정처 없이 홀로 떠돌아다니는 내면의 방황을 정리해 보는 것이다. 결국은 삶이란 것은 "지금까지 얼마나 많은 힘으로 걸어왔는지/ 남은 힘은 또 얼마나 많은 길을 안내할지" 고민하면서 진행되는 것이리라. 성찰은 현재 자신의 자리를 다시 한번 점검하는 일과 다르지 않다. 그러나 길을 걷는 자에게는 언제라도 지난날을 괴롭혔던 예기치 못한 상처들이 '새로움'이라는 표정으로 접근하지 말라는 법은 없다. 생의 위태로운 밧줄 위를 걷는 자가 바로 사람일진대, 삶은 인간의 고뇌와 아픔들이 점점이 박혀 있는 가시밭길일 뿐이다.

여기서 이 작품의 제목인 '모든 사이렌이 내게 울린다'는 의미심장한 상징으로 작용한다. 시인의 모든 감각기관들이 시인을 둘러싼 세계와 환경으로 쏠려 있다는 것, 혹은 이 세상에서 빚어지는 모든 일들은 영락없이 예민한 시인의 안테나에 걸려들 수밖에 없겠다는 사실이 한편 놀랍고 경이롭다. 그리고 한편, 이 문구가 내포하는 바는 사람과 세계 사이에 눈에 보이지 않는 끈이 있다는 사실과, 세상에 가득한 온갖 목소리들이 시인과 접촉하는 가능성의 씨앗을 유추해 볼 수 있다는 점이다. 그렇기 때문에 어떤 면에서 김병수의 시가 지향하는 세계는 어쩌면 '서정' 의 본질을 직접 겨누고 있지는 않은지 고려해 볼 필요를 느낀다.

> 큰 나무 밑에 앉아/ 죽은 누이 떠올리다/ 새의 그림자 본다/ 놀란 마음에/ 고개 들어 보지만/ 새는 날아가고/ 흔들리는 가지만 남았다/ 누이의 고단한 별이/ 새의 둥지에서/ 흰 알을 품고 있다/ 다시 누군가 떠날 시간/ 평평한 전신주 위에/ 검은 새 한 마리/ 날 노려보고 있다
>
> —「새의 흔적」 전문

> 흔들리지 마라/ 그대 눈 안에 모든 것이 있다/ 원하는 것도 미워하는 것도/ 깊은 산 아스라한 절벽도/ 심해의 골짜기 휘도는 물살도/ 저희들끼리 두런거리는 소리도/ 보내 버릴 것은/ 청아한 눈물에 흘려보내고/ 남기고 싶은 것은/ 눈 뒤 붉은 가슴으로 보내라/ 서둘지 마라/ 심장은 뛰고 있고 온기는 남아 있다/ 무지개가 그대 머리를 두르고/ 바람은 가는 발걸음을 인도한다/ 시작할 아침도 반성할 저녁도/ 늘 그대 위해 반복된다// 그대가 전부인 사랑도 긴 눈썹에 걸쳐
>
> —「그대가 전부다」 전문

'서정' 은 모든 시의 출발점이자 시작점이다. 시가 인간과 세계를 문제 삼고, 끝내 만물의 자연스러운 '교통' 에 관심을 기울인다는 점을 우리가 상기한다면 시에서 서정의 요소는 언제든지 중요한 쟁점이 될 수밖에 없는 것이다. 마치「제망

매가」를 떠올리듯 「새의 흔적」은 삶과 죽음의 비의秘義를 고요하게 상기시킨다. 죽음이 단순한 사라짐이 아니고, 어떤 식으로든 지금 이곳에 남아 있는 자에게 흔적을 남기는 사건으로, 빛으로, 그리고 기억으로 남기는 일은 거룩하다. 또한 이 거룩함은 존재에 대한 고요한 상념에서 한층 촉발되는 법이다. "죽은 누이"는 곧 "새의 그림자"이면서 "별"로 치환된다. 궁극에는 "다시 누군가 떠날 시간"이 도래하게 마련인 우리가 발 딛는 이곳이라면 존재와 존재 사이의 은밀한 소통 또한 자연에 가까우리라.

강한 명령조의 「그대가 전부다」를 흐르고 있는 어조는 표면으로 드러난 것과는 달리 부드럽고 다정하다. 부분 속에 전체가 들어 있듯 "그대 눈 안에 모든 것이 있다"는 시인의 말은 존재와 세계를 관통하는 지극한 애정으로 가득 차 있다. 이 시는 사랑에 대한 벅차오르는 감정으로도 읽힐 수 있지만, 중요한 것은 자아와 세계의 관계를 생각하게 하는 아름다운 서정시에 더욱 가깝다. 존재와 자아의 통일성과 보편성은 이처럼 만물에 공통으로 들어 있는 우주 생리와 기운의 생동감에서 비롯할 것이다. 시적 서정은 언어에서뿐만 아니라 시의 소재의 활용에서도 비롯하는 바가 크다. 거칠게 말해서 김병수의 시가 도시적 감수성을 바탕으로 하는 존재론적 의미의 탐구와 희구를 보여 주고 있다면, 시인의 일상에 취해서 시적 형상화로 드러내는 작품들에서 그의 시적 빛깔 또한 엿보인다고 볼 수 있다. 생활인으로서 감당해야 하는 고달픔이란 비단 어제오늘의 일이 아니다. 도시 문명의 빛과 그늘이고, 자

본주의를 근간으로 해서 운영되는 우리 사회의 속성을 작품을 통해서 꾸준하게 반영하고 있다. 서민의 표정은 세월이 지나도, 서민들의 애환을 드러내는 표정을 주로 보였던 최민식의 사진 속 인물처럼 주름지다. 깊게 골이 팬 이마로 상징할 수 있는 우리 필부들의 모습에서 시인은 희미한 존재의 빛 한 줄기를 발견한다.

> 남루한 작업복 차림의 한 남자/ 국 한 술 술 한 잔/ 낮고 음습한 눈길로 주위를 의식한다/ 쇳더미 공장에 부석한 뼈마디로 버틴 하루/ 폐지 더미 속에 닫혀 버린 마른입/ 쥐구멍 앞 밥풀 훔치듯/ 술 한 잔 국 한 술/ 배고픈 어린 자식들이 있으리라/ 일찍 온 폐경을 가난으로 돌리는 아내도 있으리라/ 바로 집에 들지 못하고/ 탁자에 마주 앉은 말벗도 없이/ 또다시 내일, 벅찬 노동의 양식으로 삼키는/ 벌건 선지 한 덩어리/ 한 사람의 역사와 철학이/ 국밥 식기 전 오롯이 드러나는/ 여기 주술呪術의 망령이 살아나는 곳// 국 끓는 솥단지 사이로/ 눈빛 잃은 사람들이 야윈 등을 지고/ 오늘을 계산하고 내일을 주문한다
>
> —「구포시장 선짓국밥집」 전문

시장통에 있는 국밥집에서 밥을 먹는 한 남자를 보면서 쓴 시다. 이 남자가 홀로 들이켜는 술과 국물은 고된 노동으로 점철된 하루하루를 잊게 하는 약과도 같은 것이다. 그의 집에 있을 "배고픈 어린 자식들"과 "가난한 아내"는 빈민의 이름으로 멀고 먼 삶의 고행을 버티고 있고, 국밥을 먹는 사내 또

한 출구 없이 간신히 이어 나가는 생의 육중한 바퀴에 청춘의 꿈을 짓이겨 버렸으리라. "남루한 작업복 차림의 한 남자"는 가타부타 내력을 설명하지 않아도 그 존재의 역사를 선명히 드러내게 마련이다. "탁자에 마주 앉은 말벗도 없이/ 또다시 내일, 벅찬 노동의 양식으로 삼키는/ 벌건 선지 한 덩어리"를 건져 올리는 우리 시대의 주변인들의 모습에서, 독자는 어쩌면 마음 깊숙한 곳에서 종소리처럼 울리는 스산한 느낌과 마주하게 될 것이다. 가진 자와 못 가진 자, 혹은 배운 자와 못 배운 자의 이분법적 형상화가 아니라 한 존재의 쓸쓸한 삶의 방식이 물컹한 채로 돋을새김하는 지점을 시인은 포착한 셈이다. 이러한 시적 형상화는 시인 또한 작품의 말미에 진술하듯이 "오늘을 계산하고 내일을 주문"하는 아이러니한 진술에 숨어 있는 미약한 희망으로 말미암아, 고단한 생활이지만 낙관적이고 긍정적인 의미까지 도출할 수 있는 것이다.

삶의 의미는 여러 갈래로 변주되어 사람들 각자에게 다가온다. 슬픔이든 그것이 행복이든 각자 위치해 있는 자리와 환경에 따라 그 빛깔을 달리한다. 그런데도 끝내 풀 수 없는 문제는, 의미를 촉발하게 하는 시초에 대한 직접적인 물음에서 비롯한다. 현대인의 불안은 바로 그곳에서 출발한다. 김병수 시인이 시에서 궁극적으로 파헤치고자 하는 것도 이것이다. 불가지론자이면서 관념론자에 가깝다 할 수 있는 그의 시적 화자들은, 인간이 던질 수 있는 난이도 높은 존재론적 질문에 스스로를 통째로 내맡긴다. 그의 시에서도 쉽게 발견할 수 있는바, 존재의 궁극적인 질문을 향한 시인의 태도에서 느낄 수 있는 인텔리적 사유는, 최초의 의문과 질문이 어떻게 아포리아의 넝쿨 속에 갇히고 마는지 유추하게 한다.

> 외로움이 거친 손등에/ 앉으면 겁먹은 눈/ 가려운 듯 문지른다/ 어두운 골목마다/ 가로등 불빛 번지고/ 오래된 걸음은/ 해진 신발을 보지 못한다/ 무지개 우산을 쓰고/ 충혈된 눈 가리면/ 빛도 멈추고/ 외로움도 가려나/ 이 미친 도시에/ 골목을 배회하는 자가 있고/ 막다른 벽에 울음 터진 자도 있다/ 지쳐 돌아가는 길/ 골목 어귀에서 만난 사람에게/ 저기 벽이 있다는 소리/ 온 힘 다해 걸어온 사람은/ 결코 넘을 수 없는/ 천길 벽이 있다는 소리/ 벽 틈에서 자라난 어느 사내가/ 단숨에 벽을 넘고 사라졌다는/ 거짓된 위안을// 차마 말하지 못했다
>
> —「벽」 전문

삶과 존재의 암울한, 막다른 길에 다다른 장벽으로서 '막혀 있음' 이 우리 인간의 지평 끝에 있을 것이라는 화자의 신념은 우울하다. 비극적인 존재 인식을 여실하게 보여 주는 시다. 실존적이고 비관적인 인식은 그 어떠한 희망의 포즈도 용납하지 않는다. "온 힘을 다해 걸어 온 사람" 에게 "결코 넘을 수 없는/ 천길 벽이 있다는 소리" 만큼 절망을 안겨다 주는 말은 없을 것이다. 하지만 "거짓된 위안" 조차 궁극에는 절망에 빠져 버리게 하는 결과를 초래하기는 매한가지다. 여러 개의 갈림길에서 어떤 선택을 하든 생의 부조리에 봉착할 수밖에 없는 끔찍한 진실을 이 시는 보여 준다. 실존의 허무와 부조

리한 인식은 도시적 감성의 근저에 흐르는 질긴 바탕이 되어 왔다. 모더니즘적 세계인식을 보여 줬던 근래의 한국 시들 처럼 김병수 또한 세계와 인간 사회 속에서 진행되는 실존적 이고 존재론적인 허무 의식이 그의 작품 배면에 깔려 있다. 그의 시는, 길은 있지만 그 길의 종착지에서 엄습하는 어두운 세계의 본질을 미리 감지하여 철저하고 부정적인 자기인식을 보여 준다. 이럴 때 니힐리즘의 표정이 전면을 감싼다.

> 뒷산의 큰 돌을 온 힘으로 깬다/ 망치 자루에 징하게 오는/ 그리움 참는 울음
>
> —「처음부터 내게 허락되지 않았다」 부분

두 번째 시집의 표제작이기도 한 시의 제목인 '처음부터 내게 허락되지 않았다' 에서도 알 수 있듯 김병수 시의 원점은 원초적인 허무 의식과 비극적인 생의 인식이라고 보아도 무방하다. 그런데 이러한 부정적인 세계를 인식하는 촉수는 곧잘 근원에 대한 그리움에 닿아 있는 경우가 많다. 소리의 주체는 바로 시인 자신인 것이다. 실존적 주체로서 시인이 애써 몸부림치며 찾고자 하는 그리움의 대상이 무엇일까. 비단 시인뿐만 아니라 이 우울한 세계에 내던져진 인간 모두에게 해당되는 태생적인 그리움의 정체를 시인은 캐묻는다. 그 표정이 스산하고 외로운 까닭은 시인이 마주한 세계의 눈에 보이지 않는 벽이 너무도 완고하고 거칠기 때문이리라. 하지만 이런 본질적인 물음을 끝내 멈추지 않는 사람이 시인일진대,

다만 벌판에서 외치는 공허한 목소리가 전하는 생의 쓸쓸한 진실을 우주적 기운은 끌어안고 있다는 사실을 염두에 두고자 한다. 이럴 때 시가 전하는 메시지와 언어적 성찰은 허무의식과 비극적 인식을 뛰어넘어 오롯한 진실의 구심체로 남아 있을 것이다. 김병수 시의 그리움은 바로 이곳으로 향하고 있다.

시인 김병수 金炳秀

부산 출생

2009년 계간『시의나라』신인상으로 등단

부산시인협회 회원, '우리시' 동인

시집『모두가 저 강을 본다』

『처음부터 내게 허락되지 않았다』가 있음

e-mail : suoksu@hanmail.net

처음부터 내게 허락되지 않았다

지은이 | 김병수

펴낸이 | 김재돈

펴낸곳 | 도서출판 시와시학

1판1쇄 | 2013년 11월 20일

출판등록 | 2010년 8월 10일

등록번호 | 제2010-000036호

주소 | 서울 종로구 명륜동1가 42

전화 | 744-0110

FAX | 3672-2674

값 8,000원

ISBN 978-89-94889-61-0 03810